# FEHLERFREI SCHREIBEN LERNEN

**NFV**

 Lies dir den Text genau durch.

a) Markiere danach die Wortsilben.
b) Umkreise den Buchstaben „f" blau
   und den Buchstaben „v" grün.
c) Schreibe den Text ab. Nutze dafür die
   Linien auf der gegenüberliegenden Seite.

## Im Winter

Im letzten Winter fiel sehr viel Schnee.

Wir konnten fast jeden Tag Schlitten

fahren. Mein Vater baute ein Vogelhaus

und stellte es im Garten auf. Wir füllten

Vogelfutter hinein und beobachteten die

Vögel. Das war spannend!

Wörter, in denen „v" als „w"-Laut gesprochen wird, sind meistens Fremdwörter, z.B. *Vulkan* oder *Verb*. Die Vorsilben *ver-* und *vor-* schreibt man immer mit „v".

_____ Fehler | 38 Wörter

 Lies dir den Text genau durch.
a) Markiere danach die Wortsilben.
b) Umkreise die Buchstaben „ei" blau
   und die Buchstaben „ai" grün.
c) Schreibe den Text ab. Nutze dafür die
   Linien auf der gegenüberliegenden Seite.

## Die Reise

Im Mai sind zwei schulfreie Tage. Lisa

und Philip reisen mit Oma und Opa in

einen Freizeitpark. Dort gehen sie essen:

Es gibt Pizza mit Mais und danach noch

Erdbeereis. Später wollen sie in den

Zoo gehen. Dort gibt es sogar Haie!

*Die Zwielaute „ei" und „ai" hören sich gleich an. Wir müssen uns merken, in welchen Wörtern wir „ei" oder „ai" schreiben, z.B. Leib (Körper) oder Laib (Brotlaib).*

_____ Fehler | 44 Wörter

 Lies dir den Text genau durch.
a) Markiere danach die Wortsilben.
b) Umkreise den Buchstaben „t" blau
   und den Buchstaben „d" grün.
c) Schreibe den Text ab. Nutze dafür die
   Linien auf der gegenüberliegenden Seite.

## Der Geburtstag

Endlich hat Lotte Geburtstag. Sie wird

acht Jahre alt. Alle sind eingeladen, auch

Theo, ihr bester Freund. Von Mama und

Papa bekommt sie ein rotes Fahrrad.

Das hat sie sich gewünscht. Theo schenkt

ihr einen Teddy. Lotte freut sich sehr!

*Um herauszufinden, ob am Wortende „d" oder „t" steht, kannst du das Wort verlängern, z.B. Freund – Freunde.*

Lies dir den Text genau durch.
a) Markiere danach die Wortsilben.
b) Umkreise den Buchstaben „k" blau
   und die Buchstaben „ck" grün.
c) Schreibe den Text ab. Nutze dafür die
   Linien auf der gegenüberliegenden Seite.

## Spaß im Regen

Nachdem es stark geregnet hat, hüpfen

Lukas und Nick in die Pfützen. Das macht

Spaß! Doch plötzlich rutscht Nick aus und

landet im Dreck. Seine Jacke ist jetzt

mit dicken Flecken bedeckt. Aber als seine

Mama die dreckige

Kleidung sieht, lacht sie.

„Der Dreck lässt sich ja

wieder abwaschen", sagt sie.

_____ Fehler | 54 Wörter

Lies dir den Text genau durch.
a) Markiere danach die Wortsilben.
b) Umkreise die Buchstaben „ch" blau und die Buchstaben „sch" grün.
c) Schreibe den Text ab. Nutze dafür die Linien auf der gegenüberliegenden Seite.

## Die Faschings-Party

Emma und Paul sind zu einer Faschings-Party eingeladen. Emma hat sich als Rotkäppchen verkleidet und Paul als Froschkönig. Auf der Party gibt es köstlichen Schokokuchen und frische Milch. Als die schönste Verkleidung gesucht wird, gewinnt Froschkönig Paul!

*Wenn sich der Laut wie ein Rauschen anhört, schreibt man „sch", z.B. Frosch. Wenn sich der Laut wie das Fauchen einer Katze anhört, dann schreibt man „ch", z.B. Buch.*

_____ Fehler | 39 Wörter

11

 Lies dir den Text genau durch.
a) Markiere danach die Wortsilben.
b) Umkreise den Buchstaben „h" blau.
c) Schreibe den Text ab. Nutze dafür die
   Linien auf der gegenüberliegenden Seite.

## Die Zugfahrt

Sophie besucht mit ihren Eltern ihre

Großeltern. Sie wohnen weit weg in den

Bergen. Deshalb fahren sie mit der Bahn.

Auf der Fahrt gibt es viel zu entdecken.

Am Waldrand kann man Rehe sehen und

zahlreiche Kühe grasen auf den Wiesen.

Dann hält der Zug am

Bahnhof. Sophie ist froh,

Oma und Opa zu sehen!

_____ Fehler | 57 Wörter

 Lies dir den Text genau durch.
a) Markiere danach die Wortsilben.
b) Umkreise die Buchstaben „tz" blau und
   den Buchstaben „z" grün.
c) Schreibe den Text ab. Nutze dafür die
   Linien auf der gegenüberliegenden Seite.

## Beim Zahnarzt

Leon hat Zahnschmerzen. Mama geht

mit ihm zum Zahnarzt. Als er auf dem

Stuhl sitzt, bekommt er zuerst eine

Spritze. Dann repariert der Arzt den

kaputten Zahn. „Das hast du ganz toll

gemacht", sagt Mama. Weil

Leon so tapfer war, schenkt

ihm Papa neue Filzstifte!

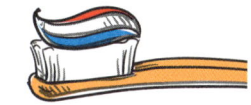

Nach „l", „m", „n" und „r" steht nie „tz"! Diese Regel ist schon nett, auch nach „ei", „äu", „eu" steht nie „tz".

_____ Fehler | 47 Wörter

 Lies dir den Text genau durch.
a) Markiere danach die Wortsilben.
b) Umkreise den Buchstaben „m" blau
   und die Buchstaben „mm" grün.
c) Schreibe den Text ab. Nutze dafür die
   Linien auf der gegenüberliegenden Seite.

## Der Sommer

Lena mag den Sommer besonders gerne.

Dann geht sie ganz oft ins Schwimmbad.

Dort isst sie am liebsten Pommes mit

Mayo. Mit ihrer Mama pflückt sie auch

oft Blumen im Feld. Oder sie sitzt stumm

im Garten und beobachtet die Wolken

am Himmel.

*Nach einem kurz gesprochenen Vokal schreibt man „mm", z.B. Hammer oder stumm.*

 Lies dir den Text genau durch.

a) Markiere danach die Wortsilben.

b) Umkreise den Buchstaben „b" blau und den Buchstaben „p" grün.

c) Schreibe den Text ab. Nutze dafür die Linien auf der gegenüberliegenden Seite.

## Der erste Schultag

Die Herbstferien sind vorbei. Die Klasse 3a trifft sich auf dem Pausenhof. Als der Lehrer kommt, gehen alle in das Klassenzimmer. Dort gibt Herr Becker jedem ein Blatt Papier. Darauf steht der neue Stundenplan. Hoffentlich sind bald wieder Ferien!

*Verlängere das Wort, um „b" und „p" zu unterscheiden. Dann hörst du den Unterschied, z.B. Dieb – Diebe.*

_____ Fehler | 42 Wörter

19

 Lies dir den Text genau durch.

a) Markiere danach die Wortsilben.

b) Umkreise den Buchstaben „d" blau und
   die Buchstaben „dt" grün.

c) Schreibe den Text ab. Nutze dafür die
   Linien auf der gegenüberliegenden Seite.

## Der Unfall

Anna fährt mit ihrem Fahrrad durch die

Stadt nach Hause. Doch da passiert es:

Sie bleibt mit einem Pedal am Bordstein

hängen und fällt hin. Zum Glück kommt

gerade ihre Verwandte, Tante Gertrud,

vorbei. Sie lädt Anna zum Eis ein und

bringt sie dann nach Hause.

> Die Verbindung „dt" ist
> sehr selten. Sie steht nur nach einem
> kurzen Vokal, z.B. in Stadt
> oder verwandt.

 Lies dir den Text genau durch.
   a) Markiere danach die Wortsilben.
   b) Umkreise den Buchstaben „g" blau
      und den Buchstaben „k" grün.
   c) Schreibe den Text ab. Nutze dafür die
      Linien auf der gegenüberliegenden Seite.

## Besuch auf der Burg

Der kleine Karl möchte gerne ein Ritter

werden, wenn er einmal groß ist. Am

Sonntag macht er mit seinen Eltern einen

Ausflug zur Katzenburg. Sie liegt auf

einem hohen Berg. Der Weg hinauf ist

steil. Sie müssen sogar ein wenig klettern.

Oben angekommen, ruhen sie sich auf

einer Bank aus. War

das anstrengend!

*Verlängere das Wort,
damit du zwischen „g" und „k"
deutlich unterscheiden kannst,
z. B. Berg – Berge.*

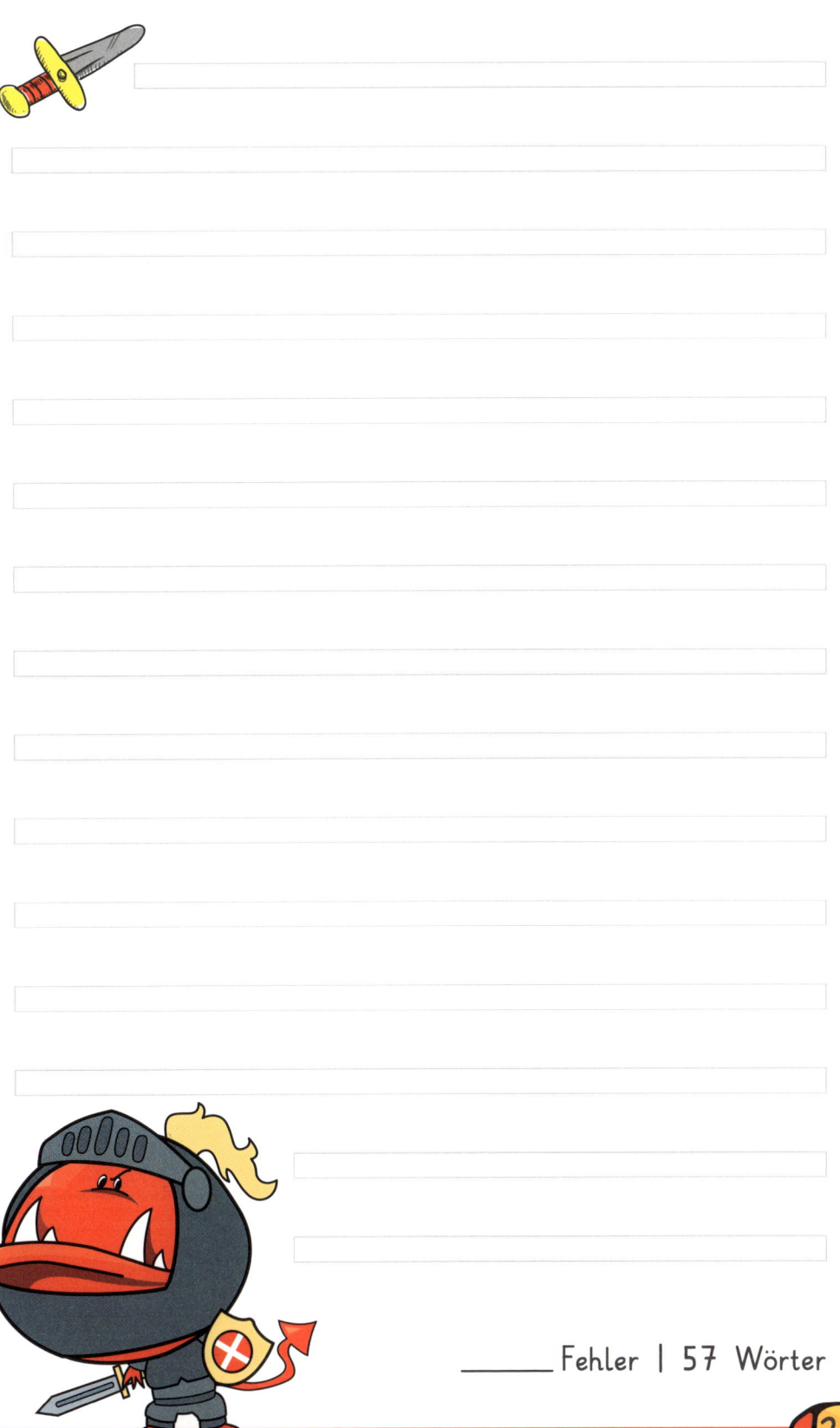

_____ Fehler | 57 Wörter

 Lies dir den Text genau durch.

a) Markiere danach die Wortsilben.

b) Umkreise die Buchstaben „ng" blau und die Buchstaben „nk" grün.

c) Schreibe den Text ab. Nutze dafür die Linien auf der gegenüberliegenden Seite.

## Der kleine Bruder

Im Frühling wurde mein kleiner Bruder geboren. Am Anfang fand ich das sehr anstrengend. Aber jetzt habe ich Übung und kann meiner Mama helfen. Wenn er krank ist, singe ich ihm etwas vor. Ich mag es aber nicht, wenn seine Windel voll ist, denn das stinkt sehr!

> Du kannst -ng oder -nk unterscheiden, wenn du das Wort verlängerst, z.B. Gesang – Gesänge, Getränk – Getränke.

_____ Fehler | 50 Wörter

 Lies dir den Text genau durch.

a) Markiere danach die Wortsilben.

b) Umkreise das Wort „das" blau
   und das Wort „dass" grün.

c) Schreibe den Text ab. Nutze dafür die
   Linien auf der gegenüberliegenden Seite.

## Das Lieblingsbuch

Henri liest ein Buch, das er sehr gerne

mag. Es ist ein Buch über Dinosaurier.

Das ist sein Lieblingsthema. Er weiß

alles über sie. Auch, dass sie schon lange

ausgestorben sind. Seine Eltern sagen:

„Lesen bildet." Henri ist sich sicher,

dass das stimmt.

*Wenn es sich um einen Artikel handelt oder du statt „das" „dieser", „jener" oder „welcher" einsetzen kannst, schreibt man „das" nur mit einem „s".*

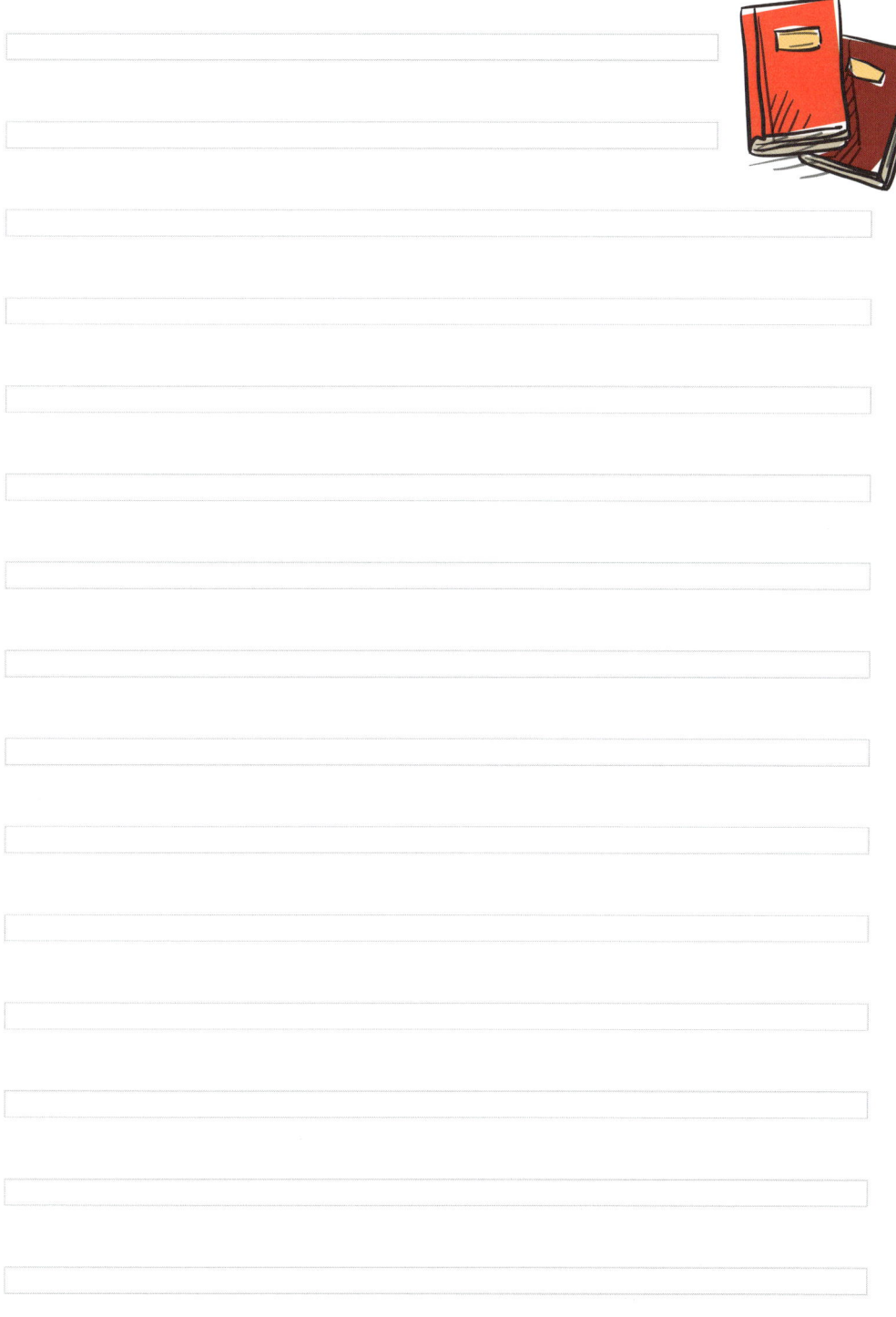

_____ Fehler | 45 Wörter

 Lies dir den Text genau durch.
a) Markiere danach die Wortsilben.
b) Umkreise den Buchstaben „e" blau
   und den Buchstaben „ä" grün.
c) Schreibe den Text ab. Nutze dafür die
   Linien auf der gegenüberliegenden Seite.

## Der Herbst

Am liebsten geht Lea im Herbst spazieren.

Sie läuft dann gerne durch die verfärbten

Blätter, die von den Bäumen fallen. Wenn

es kräftig regnet, bleibt sie zu Hause. Dann

malt sie Bilder von gelben Sonnenblumen.

Um sich zu wärmen, setzt sie sich vor

den Kamin.

*Findest du bei verwandten Wörtern „a" oder „au", schreibst du „ä" oder „äu", das weißt du ab jetzt genau.*

 Lies dir den Text genau durch.

a) Markiere danach die Wortsilben.
b) Umkreise den Buchstaben „l" blau
   und die Buchstaben „ll" grün.
c) Schreibe den Text ab. Nutze dafür die
   Linien auf der gegenüberliegenden Seite.

## Ellas Ausflug

Ella ist alleine mit ihrem Roller im Feld

unterwegs. Sie fährt ganz schön schnell.

Weil es sehr kalt ist, hat sie einen dicken

Wollpullover an. Auf einer Bank macht

Ella eine kleine Pause. Sie beobachtet

eine Kuh mit ihrem Kalb. Es trinkt Milch

aus dem Euter. Das gefällt

Ella. Was für ein toller Tag!

_____

_____

_____

_____

_____

_____

_____

_____

_____

_____

_____

_____

_____

Nach kurz gesprochenem Vokal schreibt man „ll", z.B. Ball. Nach lang gesprochenem Vokal schreibt man „l", z.B. Schale.

_____ Fehler | 55 Wörter

 Lies dir den Text genau durch.
a) Markiere danach die Wortsilben.
b) Umkreise die Buchstaben „ss" blau
und den Buchstaben „ß" grün.
c) Schreibe den Text ab. Nutze dafür die
Linien auf der gegenüberliegenden Seite.

## Der Blumenfreund

Moritz wohnt in einer Straße ganz nah

am Feld. Hinter dem Haus fließt ein

kleiner Fluss entlang. Auf der Wiese am

Flussufer pflückt er oft einen bunten

Blumenstrauß. Das macht ihm Spaß!

Mama stellt die Blumen dann in eine

große Vase mit Wasser.

Nach kurz gesprochenem
Vokal wird „ss" geschrieben,
z.B. Fluss. Nach langem Vokal
steht „ß", z.B. Fuß.

_____ Fehler | 45 Wörter

 Lies dir den Text genau durch.

a) Markiere danach die Wortsilben.
b) Umkreise die Buchstaben „aa" blau
und die Buchstaben „ah" grün.
c) Schreibe den Text ab. Nutze dafür die
Linien auf der gegenüberliegenden Seite.

## Im Tierpark

Endlich wird es wahr: Die Klasse 3b

macht einen Ausflug in den Tierpark.

Dafür müssen sie mit der Bahn fahren.

Am Bahnhof hätten Aaron und Alex

den Ausstieg um ein Haar verpasst.

Im Tierpark dürfen die Kinder ein paar

zahme Tiere streicheln. Im Aquarium

entdeckt Alex sogar

einen Aal!

*Vor den Konsonanten „l", „m", „n" und „r" steht meist „ah", z.B. Ahnung. Wörter, die mit „aa" geschrieben werden, musst du auswendig lernen.*

_____ Fehler | 51 Wörter

35

 Lies dir den Text genau durch.
   a) Markiere danach die Wortsilben.
   b) Umkreise den Buchstaben „t" blau
      und die Buchstaben „tt" grün.
   c) Schreibe den Text ab. Nutze dafür die
      Linien auf der gegenüberliegenden Seite.

## Ein netter Sonntag

Am Sonntag schläft Lotta gerne lang.

Sie liest im Bett bis zum Mittagessen.

Dann gibt es leckere Brötchen mit Butter

und Käse. Ihre Mutter kocht erst abends.

Am liebsten isst Lotta Spaghetti. Wenn

alle satt sind, spielen sie noch

gemeinsam ein Brettspiel.

Ein „t" steht nach lang gesprochenem Vokal, z.B. Rat, oder nach einem Konsonant, z.B. kalt. Nach kurz gesprochenem Vokal steht „tt", z.B. Ratte.

_____ Fehler | 45 Wörter

 Lies dir den Text genau durch.
a) Markiere danach die Wortsilben.
b) Umkreise den Buchstaben „i" blau
und die Buchstaben „ie" grün.
c) Schreibe den Text ab. Nutze dafür die
Linien auf der gegenüberliegenden Seite.

# Der Skiurlaub

In den Winterferien fährt Marie in den

Skiurlaub. Das Skigebiet liegt hoch oben.

Der Schnee auf der Piste ist ganz tief.

Ihr Papa und sie fahren mit dem Lift auf

die Spitze des Berges. Dann schießt

Marie auf ihren Skiern die Piste hinab.

Wie sie das liebt!

Wörter, die lang gesprochen werden, schreibt man mit „ie". Aber es gibt auch Merkwörter, die nur mit „i" geschrieben werden, z.B. Tiger oder Biber.

_____ Fehler | 49 Wörter

 Lies dir den Text genau durch.
a) Markiere danach die Wortsilben.
b) Umkreise den Buchstaben „n" blau
und die Buchstaben „nn" grün.
c) Schreibe den Text ab. Nutze dafür die
Linien auf der gegenüberliegenden Seite.

## Der Brand

Am Donnerstag brannte die Scheune von

Bauer Hannes. Die Kinder entdeckten den

Brand. Die Feuerwehrmänner löschten

dann das Feuer. Die Rinder im Stall, die

Hennen und der Hahn konnten gerettet

werden. Am nächsten Tag stand alles

in der Zeitung. Wie gut,

dass es die Feuerwehr

gibt!

\_\_\_\_\_ Fehler | 48 Wörter

41

Lies dir den Text genau durch.
a) Markiere danach die Wortsilben.
b) Umkreise die Buchstaben „eu" blau
   und die Buchstaben „äu" grün.
c) Schreibe den Text ab. Nutze dafür die
   Linien auf der gegenüberliegenden Seite.

## Eine ungewöhnliche Freundschaft

Eine Eule und ein Räuber lebten im Wald.

Beide waren sehr einsam und wünschten

sich einen Freund. Als der Räuber seinen

Ohrring verlor, half ihm die Eule bei der

Suche. Sie fand den Ohrring zwischen

den Bäumen und Sträuchern. Da freute

sich der Räuber sehr. Seitdem sind die

beide beste

Freunde!

*Oft hilft das Ableiten auf ein verwandtes Wort, z.B. rauben – Räuber. Kann man ein Wort nicht auf „au" ableiten, dann schreibt man es meist mit „eu".*

_____ Fehler | 54 Wörter

43

 Lies dir den Text genau durch.
  a) Markiere danach die Wortsilben.
  b) Umkreise alle Nomen rot, alle Verben
      blau und alle Adjektive grün.
  c) Schreibe den Text ab. Nutze dafür die
      Linien auf der gegenüberliegenden Seite.

## Noahs erstes Fußballspiel

Noah ist sehr aufgeregt.

Sein erstes Fußballspiel

beginnt gleich. Er hofft,

dass er ein Tor schießt. Die gegnerische

Mannschaft spielt gut. Aber kurz vor

Ende des Spiels schnappt sich Noah

den Ball. Er schießt das ersehnte Tor.

Noahs Mannschaft gewinnt das Spiel

mit 1 : 0. Alle jubeln überglücklich!

_____ Fehler | 50 Wörter

Lies dir den Text genau durch.
a) Markiere danach die Wortsilben.
b) Umkreise alle Nomen rot, alle Verben
    blau und alle Adjektive grün.
c) Schreibe den Text ab. Nutze dafür die
    Linien auf der gegenüberliegenden Seite.

## Auf dem Ponyhof

Lina fährt mit ihrer Freundin Sophia

auf den großen Ponyhof. Dort dürfen sie

jeden Tag reiten und beim Füttern helfen.

Aber die Mädchen müssen auch den

Stall gut ausmisten. Lina freut sich auf

ihr Lieblingspony Klärchen. Für sie hat sie

eine dicke Möhre mitgebracht.

Das werden bestimmt

tolle Ferien!

\_\_\_\_\_ Fehler | 52 Wörter

# Merksätze und Eselsbrücken

Wer mit „h" schreibt nämlich, der ist dämlich.

Nach „l", „n", „r" – das merke ja –
steht nie „tz" und nie „ck".

Sei nicht dumm und merk dir bloß:
Namenwörter schreibt man groß!

„Vor-" und „ver-" schreibt jeder Herr und jede Frau
mit Vogel-Vau.

Das „s" bei „das" muss einfach bleiben,
kannst du dafür „dieses", „jenes", „welches" schreiben.

Nimm diese Regel mit ins Bett –
nach „ei", „au", „eu" steht nie „tz".

Steht am Ende „heit" und „keit" und „ung"
und „schaft", „tum" und „nis" und „chen" und „lein",
schreibt man's groß und niemals klein!

Steht am Ende „ig", „sam", „los",
„lich", „isch", „voll", „bar",
wird es kleingeschrieben, ist doch klar!

Da, wo man redet, sagt und spricht,
vergiss die kleinen Zeichen nicht!